Karl Rahner

Gott erfahren –

wie soll

das gehen?

Karl Rahner

Gott erfahren –
wie soll
das gehen?

Herausgegeben von
Andreas R. Batlogg
und Peter Suchla

Matthias Grünewald Verlag

VERLAGSGRUPPE PATMOS

PATMOS
ESCHBACH
GRÜNEWALD
THORBECKE
SCHWABEN
VER SACRUM

Die Verlagsgruppe
mit Sinn für das Leben

Die Verlagsgruppe Patmos ist sich ihrer Verantwortung gegenüber unserer Umwelt bewusst. Wir folgen dem Prinzip der Nachhaltigkeit und streben den Einklang von wirtschaftlicher Entwicklung, sozialer Sicherheit und Erhaltung unserer natürlichen Lebensgrundlagen an. Näheres zur Nachhaltigkeitsstrategie der Verlagsgruppe Patmos auf unserer Website www.verlagsgruppe-patmos.de/nachhaltig-gut-leben

Alle Rechte vorbehalten
© 2023 Matthias Grünewald Verlag
Verlagsgruppe Patmos in der Schwabenverlag AG, Ostfildern
www.gruenewaldverlag.de

Umschlaggestaltung: Finken & Bumiller, Stuttgart
Umschlagmotiv: © Deutsche Region der Jesuiten
Alle Texte Karl Rahners: © Deutsche Region der Jesuiten
Satz: Schwabenverlag, Ostfildern
Druck: GGP Media GmbH, Pößneck
Hergestellt in Deutschland
ISBN 978-3-7867-3344-7

Inhalt

»Warum Gott keinen Holzhammer benutzt«
Einführung der Herausgeber 7

1. Gott ist kein weltliches Ding,
   kein Bestandteil der Welt 27

2. Wenn Gott kein weltliches Ding ist,
   dann kann er nicht in gleicher Weise
   erfahrbar sein wie weltliche Dinge,
   dann können »Gotteserfahrungen«
   keine Erfahrungen sein, bei denen
   wir Gott als solchen wahrnehmen
   und erfahren 35

3. Wenn Gotteserfahrungen keine
   Erfahrungen sind, bei denen wir Gott
   als solchen wahrnehmen und erfahren,
   dann können, was wir »Gotteserfahrungen«
   nennen, nur Erfahrungen sein, die auf
   Gott *verweisen*. Verweise kann man aber
   übersehen, ignorieren, verdrängen 37

4. Welche Erfahrungen verweisen auf Gott? Und warum kann man sie »ursprüngliche Gotteserfahrungen« nennen? 43
   4.1. Theorie für philosophisch Interessierte 43
   4.2. Beispiele für weniger an Philosophie Interessierte 53

5. Warum ist es gerade heute wichtig, über solche ursprünglichen Gotteserfahrungen, die man auch »mystische Erfahrungen« nennt, nachzudenken? 65

6. Welche Rolle spielt das Vorbild Christi? 71

7. Mystische Erfahrungen im Alltag 75

Zu den Textquellen 84
Anmerkungen 94

»Warum Gott keinen Holzhammer benutzt«

Einführung der Herausgeber

Zwei unterschiedliche Fragen

»Alles beginnt mit der Sehnsucht« (*Nelly Sachs*). Die Sehnsucht, Gott zu erfahren, ist groß, die Missverständnisse dabei sind noch größer. Gott erfahren – wie soll das gehen? Manche wünschen sich so etwas wie eine Bedienungsanleitung, als ob von einem Staubsauger die Rede ist oder von einem Rasenmäher. Andere sind überzeugt, dass das nur etwas für ganz besondere Christen ist, so etwas wie eine spirituelle Meisterleistung. Und denken dabei vielleicht an die großen spanischen Mystiker des 16. Jahrhunderts: Teresa von Ávila († 1585), Johannes vom Kreuz († 1591) oder Ignatius von Loyola († 1556) und andere. Dieses Buch möchte helfen, möglichst viele derartige Missverständnisse auszuräumen.

Es fragt daher, wie überhaupt die Idee eines Gottes in die Welt kommt, beziehungsweise, was letztlich das Gleiche ist, woran man denn erkennen kann, dass es so etwas wie »Gott« gibt. Hat man eine positive Antwort gefunden auf die Frage, ob es so etwas wie Gott gibt und woran man das erkennen kann – und genau das will dieses Buch zeigen –, dann schließt sich natürlich sofort eine zweite Frage an: Wie dieser Gott denn nun zu den Menschen steht, ob sie ihm so egal sind, wie uns die Ameisen egal sind, bei denen wir auch nicht auf eine mehr oder weniger achten.

Diese zweite Frage ist wichtig, auch wenn sie in diesem Band nicht besprochen wird. Denn genau diese zweite Frage macht Christen erst zu Christen, weil Christen für die Antwort auf diese zweite Frage auf Jesus von Nazaret schauen, den man schon sehr früh »Jesus *Christus*« nannte in der Überzeugung, dass er ein von Gott in besonderer Weise Gesegneter und Gesalbter war *(christos* heißt auf Altgriechisch »Gesalbter«). Jesus hat für die,

die ihm vertrauen, eine Antwort auf diese zweite Frage gegeben, und er ist mit seinem Leben für diese Antwort eingestanden: dass dieser Gott uns Menschen zärtlich-liebevoll zugewandt ist und uns Menschen und die Welt nicht ins Nichts fallen lässt, sondern in seine bergende Hand. Genau deshalb, weil Menschen diesem Jesus vertrauen, gibt es die christliche Religion. Genau deshalb beten Christen, feiern Gottesdienste, geben den Glauben an ihre Kinder weiter. Genau deshalb sterben sie hoffnungsvoll mit den Worten Jesu auf ihren Lippen: »Vater, in deine Hände lege ich mich, meinen Geist, mein Leben, meinen Tod.«

Man muss aber diese beiden Fragen sorgfältig auseinanderhalten. Die erste Frage ist unverzichtbar, weil sie die Voraussetzung für die zweite ist. Und diese erste Frage ist das, womit wir uns hier beschäftigen wollen: Woran können Menschen erkennen, dass es so etwas wie Gott gibt? Gott erkennen – wie soll das gehen?

Jemand, der an Gott glaubt, wird vielleicht sagen: Wozu soll ich mich mit dieser Frage beschäftigen, ich habe ja meinen Frieden mit meinem Glauben an Gott gemacht? Andere werden sagen: Mich interessiert, ob es außer dem, was man in der Bibel lesen und in Predigten hören kann, noch eine ganz persönliche Weise gibt zu erkennen, dass es so etwas wie Gott gibt, ob man also eine persönliche Gotteserfahrung machen kann. Für diese Interessierten ist dieses Buch gedacht.

Nun gibt es in den verschiedenen Religionen wie auch im Christentum sogenannte mystische Erfahrungen, also Erfahrungen, die genau solche persönlichen Gotteserfahrungen beschreiben. Manche sehen in den Mystikern so etwas wie religiöse Hochleistungssportler. Aber, um einen Vergleich zu bringen, die Tatsache, dass es große Mathematiker gibt, bedeutet nicht, dass nicht auch andere Menschen rechnen können. Und Karl Rahner (1904–1984) legt großen Wert darauf, dass persönliche Gotteserfahrungen nicht nur jenen großen Heiligen, die man Mystiker nennt, möglich sind, sondern jedem Menschen; ja, Rahner möchte in den hier abgedruckten Texten zeigen, dass mystische Erfahrungen auch im ganz gewöhnlichen

Alltag von uns Menschen ihren Ort haben, dass wir also im ganz gewöhnlichen Alltag erfahren können, dass es Gott gibt.

Freilich sind das keine »Holzhammer-Erfahrungen«, bei denen uns gar nichts anderes übrig bleibt als zuzugeben, dass das jetzt Gotteserfahrungen sind oder waren. Gott benutzt keinen Holzhammer, um uns zu zwingen, uns für ihn zu entscheiden. Gott ist ein Liebender. Jeder Liebende weiß, dass man niemanden mit einem Holzhammer zur Gegenliebe bringen kann. Also sind auch Gotteserfahrungen stets so, dass sie uns die Möglichkeit zur freien Entscheidung lassen – zur freien Entscheidung, ob wir diese Erfahrungen bedenken wollen oder nicht, ob wir uns in sie vertiefen und ihre Bedeutung für uns erfragen wollen oder nicht. Denn alles, was wir Menschen erfahren, einfach alle unsere Erfahrungen können wir entweder gedankenlos über uns ergehen lassen oder aber als Anstoß zum Nachdenken nehmen.

Dieses Buch macht letzteres. Es befragt unsere Erfahrungen, nimmt sie nicht einfach so hin, sondern denkt über sie nach und fragt, ob und wie sie etwas mit Gott zu tun haben könnten, ob und wie man daran erkennen kann, dass es Gott gibt. Natürlich ist solches Nachdenken anstrengender, als sich von Bildern oder Klängen berieseln zu lassen, mögen diese auch oft ihre Berechtigung haben. Und nicht immer ist man in der Stimmung zum Nachdenken, nicht immer ist man frisch und ausgeruht dazu. Dann sollte man dieses

Buch beiseitelegen und ein andermal nach ihm greifen. Denn es ist für jene gedacht, die das Thema so wichtig finden, dass sie dafür die Anstrengung des Nachdenkens auf sich nehmen.

In diesem Punkt unterscheidet sich dieses Buch auch von den zwölf anderen Bändchen derselben Reihe: Es ist gedanklich herausfordernd, *zwingt* zum Langsam-Lesen und Nachdenken, ergreift beim Lesen weniger das Herz als den Geist. Aber wer den Gedankengängen dieses Buches folgt, bei dem jedes Kapitel auf dem vorigen aufbaut, wird am Ende mit einem Gedankengebäude belohnt, das unser Leben bereichert, weil es den Blick schärft für Dinge, die wir vielleicht übersehen hätten, den Blick schärft auch für jene Erfahrungen, die man »Gotteserfahrungen« oder »mystische Erfahrungen« nennen kann, den Blick so schärft, dass wir derartige Erfahrungen besser lesen und verstehen können.

Nun gibt es Ungeduldige, die noch vor Lektüre eines Buches wissen wollen, was denn die Kernaussage dieses Gedankengebäudes ist. Will man für diese Ungeduldigen eine Kurzzusammenfassung wagen, dann könnte man sagen: Es gibt in jedem von uns etwas Ursprüngliches tief in uns: ein stetes Hinausgreifen unseres Denkens und Handelns über alles Erfahrbare hinaus in eine unendliche Weite, das auf Gott verweist und von ihm getragen ist; und es gibt für uns letzte Grunderfahrungen, die so heißen, weil sie uns diesen letzten, tragenden Grund aller Wirklichkeit erfahren lassen. – Dieses Buch wird erläutern, was damit gemeint ist ...

Zu den ausgewählten Texten

1. Gott ist kein weltliches Ding, kein Bestandteil der Welt

Die Überschrift besagt eigentlich eine Selbstverständlichkeit, die aber leicht aus dem Blick gerät – weshalb man sie sich immer aufs Neue vor Augen halten muss. Denn sie hat unausweichlich Folgen für die Art und Weise, wie man über Gott denkt und redet.

2. Wenn Gott kein weltliches Ding ist, dann kann er nicht in gleicher Weise erfahrbar sein wie weltliche Dinge, dann können »Gotteserfahrungen« keine Erfahrungen sein, bei denen wir Gott als solchen wahrnehmen und erfahren.
Auch hier wiederum etwas Selbstverständ-

liches, das aber beim Nachdenken über Gotteserfahrungen oft außer Acht gelassen wird: Viele, die über »Gotteserfahrung« reden, setzen voraus, dass es sich dabei um die gleiche Art von Erfahrung handelt, wie alle unsere sonstigen Erfahrungen. Das aber ist ein Trugschluss, wie er größer nicht sein kann.

3. Wenn Gotteserfahrungen keine Erfahrungen sind, bei denen wir Gott als solchen wahrnehmen und erfahren, dann können, was wir »Gotteserfahrungen« nennen, nur Erfahrungen sein, die auf Gott verweisen. Verweise kann man aber übersehen, ignorieren, verdrängen.

Solche auf Gott verweisenden Erfahrungen werden für gewöhnlich nicht sofort mit Gott verbunden und auch nicht sogleich »Gotteserfahrungen« genannt. Man kann ihre Verweise auf Gott leicht übersehen. Dass sie mit Gott zu tun haben, ist stets Ergebnis einer *nachträglichen Reflexion*, die diese in der Regel un-thematischen Erfahrungen ausdrücklich zum Thema macht und verdeutlicht, worauf sie hinweisen: dass es nämlich in uns so etwas wie ein ursprüngliches Wissen von Gott gibt. Dass es hierfür eine nachträgliche Reflexion braucht, darf nicht verwundern, gibt es doch auch sonst vieles im Leben, das unthematisch bleibt, also nicht zu einem Thema wird, über das man nachdenkt, vieles, das daher erst durch nachträgliche Reflexion erkannt wird, man denke zum Beispiel an Handlungen von Personen, bei denen uns erst nachträglich aufgeht, dass sie ein Ausdruck von Liebe sind oder waren ...

4. Welche Erfahrungen verweisen auf Gott? Und warum kann man sie »ursprüngliche Gotteserfahrungen« nennen?

Weil viele der hier in diesem 4. Kapitel versammelten Gedanken Rahners eine Gewandtheit im Umgang mit philosophischen Formulierungen voraussetzen, wird dieses Kapitel in zwei Teile geteilt:

- 4.1 ist ein theoretischer Teil für philosophisch Interessierte, der sozusagen eine Ultrakurzzusammenfassung dessen bringt, was Karl Rahner zu diesem Thema auf vielen hundert Seiten formuliert, weshalb man ja seine Theologie auch »Transzen-

dental-Theologie« nennt (das Fremdwort »transzendental« wird unten erklärt);
- 4.2 ist ein mehr praktischer Teil für weniger an Philosophie Interessierte, die deshalb auch den Teil 4.1 überspringen können.

5. Warum ist es gerade heute wichtig, über solche ursprünglichen Gotteserfahrungen, die man auch »mystische Erfahrungen« nennt, nachzudenken?

Bei Karl Rahner findet sich schon früh »eine erstaunlich hellsichtige Gegenwartsanalyse«[1]: Schon 1966 sah er »in einer Zeit, in der Volkskirche im westlichen Mitteleuropa noch unbestritten schien, bereits das Zerbröckeln der Selbstverständlichkeit des Christentums und alles Institutionellen«[2] voraus.

Statt eines Traditions-Christentums werde es seiner Ansicht nach künftig nurmehr ein Überzeugungs-Christentum geben.[3] Gerade deshalb aber ist es für Rahner umso wichtiger, über ursprüngliche Gotteserfahrungen, wie sie hier beschrieben werden, nachzudenken, weil sie seines Erachtens das Fundament eines solchen Überzeugungs-Christentums sind.[4]

6. Welche Rolle spielt das Vorbild Christi?
Zu Beginn dieser Einführung haben wir den Unterschied zwischen der ersten Frage und der sich anschließenden zweiten Frage beschrieben. Dieser 6. Gliederungspunkt zeigt die Verbindung zwischen beiden Fragen. Denn man kann ja durchaus darüber nachdenken, was denn die in diesem Buch vor

Augen geführten Verweise auf Gott mit Jesus Christus zu tun haben. Da die vorangegangenen zwölf Bändchen dieser Reihe immer wieder die Rolle Jesu für den christlichen Glauben aufgezeigt und für unser Herz erschlossen haben, soll es hier, im 13. Band, aber nur um die erste der beiden Fragen gehen, um die Frage, wie man Gott erfahren kann bzw. welche Erfahrungen auf Gott verweisen – weshalb dieses 6. Kapitel nur kurz festhält, wo diese Erfahrungen an Jesus *anknüpfen*.

7. Mystische Erfahrungen im Alltag
Karl Rahner betont mit Nachdruck, dass Grunderfahrungen, bei denen Gott als der tragende Grund erfahrbar wird (er nennt sie auch »mystische Erfahrungen«), keine Spe-

zialerfahrungen sind, sondern immer und überall im Alltag gemacht werden können, »in der letzten bitteren Pflicht des Alltags«, wie er an einer Stelle formuliert.

In diesem 7. Kapitel zählt er Beispiele solcher Grunderfahrungen im Alltag auf – Beispiele, die im Alltag vieler Menschen zu finden sind, vielleicht sogar im Alltag jedes Menschen, wenn man am Ende eines Lebens das Ganze betrachtet. Aber alle diese Beispiele sind wiederum keine »Holzhammer-Beispiele«, bei denen sofort klar ist, dass sie Gotteserfahrungen sind. Sie sind vielmehr stets »unthematisch«, wie Rahner nicht müde wird zu betonen. Sie zeigen sich erst dann im Licht Gottes, wenn man sie nachdenklich zum Thema macht ...

Die Herausgeber wünschen diesem Buch Leserinnen und Leser, die die hier abgedruckten Texte Karl Rahners eher hartnäckig bedenken als rasch überfliegen und sich dabei mitnehmen lassen auf einen Weg, der anfangs fremd, sperrig und vielleicht sogar unbequem erscheinen mag. Aber er hält eine Fülle neuer Einsichten bereit: über uns selbst, unser Leben und unser aller Zukunft – Gott.

Andreas R. Batlogg SJ

Peter Suchla

Wo im Folgenden aus Gründen der Übersichtlichkeit Rahner-Texte gekürzt wurden, ist dies durch [...] markiert. Rahner selbst benützt keine eckigen Klammern. In eckigen Klammern stehende Wörter oder Sätze innerhalb der Rahner-Texte sind Einfügungen der Herausgeber, in denen Fremdwörter erklärt, längere Rahner-Texte zusammengefasst oder einzelne Rahner-Aussagen miteinander verbunden werden.

1. *Gott* ist kein weltliches Ding, kein Bestandteil der Welt

(1) *Den* Gott gibt es wirklich nicht, der als ein einzelnes Seiendes neben anderem Seienden sich auswirkt und waltet und so gewissermaßen selber noch einmal in dem größeren Haus der Gesamtwirklichkeit anwesend wäre. Suchte man einen solchen Gott, dann hätte man einen falschen Gott gesucht.

(2) Das Weltbild […] ist die Summe des Aussagbaren, des Abgrenzbaren, Verrechenbaren. [… Gott aber ist nicht abgrenzbar und ver-

rechenbar, er ist der], dessen Weite nicht eingeht in die Felder und Koordinatensysteme, die wir entwerfen, um ein Fassbares auszusagen, indem wir es in die Netze der Endlichkeit einfangen.

(3) [Halten wir daher fest], dass Gott nicht in das Weltbild hineingehört [...], dass er nicht die Feder im Uhrwerk der Welt ist, dass dort, wo in der Welt etwas geschieht, was zum »normalen« Bestand der Welt gehört, dafür immer auch eine Ursache entdeckt werden kann, die nicht Gott selber ist.

(4) [Kurz und prägnant heißt das], dass man von Gott sich kein Bild machen kann, das aus dem Holz der Welt geschnitzt ist.

(5) [Das hat allerdings die schmerzhafte Folge, dass die nach Gott verlangenden, nach ihm ausschauenden Menschen immer wieder erfahren müssen,] dass Gott ihnen wie das Unwirklichste vorkommt, dass er stumm ist und abwesend schweigt, als umfasse er unser Dasein nur wie ein leerer, ferner Horizont, in dessen wegloser Unendlichkeit unsere Gedanken und die Forderungen unseres Herzens sich ausweglos verlaufen.

(6) Wenn ich zu Gott komme, so wie ich ihn verstehe, dann bin ich erst bei ihm, wenn ich ihn begreife als das absolute, *mich überfordernde* Geheimnis. Und dort, wo das nicht gegeben wäre, da müsste ich dann sagen: Halt, hier bist du auf dem falschen Weg.

(7) [Denn Gott ist und bleibt für mich] das unbegreifliche Geheimnis, das uns verbietet, irgendeine eigene Helligkeit in unserem Dasein als das ewige Licht zu betrachten.

(8) Diese Feststellung gilt auch hinsichtlich der engen, verengten, unwahren und vorläufigen Gottesbilder, die die Menschen immer bis zu einem gewissen Grad als Götzenbilder aufstellen und so den namenlosen, in Figur, Gestalt und Bild nicht einfach fangbaren Gott verdrängen. [...] Der Gott des fixen Begriffes gegenüber dem Gott der stets wachsenden Erfahrung als einer lebendigen, unendlichen, unbegreiflichen, unsagbaren Wirklichkeit und Person, dieser Gott des fixen Begriffes ist eines dieser Götzen-

bilder, das wir vermutlich immer wieder auch bei uns entdecken können. Der süße Gott des Kindes – ist ein weiteres. Der enge Gott des bloß gesetzestreuen Pharisäers – ist ein anderes; [...] der selbstverständliche Gott der sogenannten »guten Christen«, die so tun, als könnten sie die bekümmerten Atheisten nicht begreifen und als seien diese anderen Menschen nur dumm oder böswillig, auch dieser selbstverständliche Gott der guten Christen ist ein Götzenbild, vor dem wir uns hüten müssen. [...] Wenn diese Bilder zertrümmert werden durch Gott und sein Leben, seine Führung und Fügung selbst, dann sollten wir uns immer von vornherein klar sein: Es verschwindet nicht Gott, sondern ein Götzenbild.

(9) [Wenn aber Gott kein Bestandteil der Welt ist und wenn er sich nicht in unsere verengten Gottesbilder einpassen lässt: Wie kann man ihn dann überhaupt beschreiben? Hier vorab ein Vorschlag Rahners, der durch die folgenden Kapitel dieses Bändchens noch vertieft wird:]

Unser Dasein ist umfangen durch ein unsagbares Geheimnis, das wir Gott nennen. Wir können es aus unserem Alltagsbewusstsein verdrängen durch den Betrieb und die Geschäftigkeit unseres alltäglichen Lebens, wir können so das alles durchdringende Schweigen dieses Geheimnisses übertönen. Aber es ist da: als der eine umfassende, alles tragende Grund aller Wirklichkeit; als die umfassende Frage, wenn alle Einzelantworten schon gegeben sind; als das Ziel, auf das wir ausgreifen über alle Einzelziele und einzelnen Lebensgüter hinaus; als die Zukunft schlechthin, die über allen Einzelzielen hinausliegt und unser immer rastloses Streben in Gang hält [...].

Dieses letzte Geheimnis im Grunde der Wirklichkeit und unseres Lebens ist namenlos, unumgreifbar, etwas, das wir nicht mehr unseren Begriffen und unseren Lebensrechnungen untertan machen können, das sich nur gibt, wenn wir uns ihm anbetend ergeben. Wir nennen es Gott. Aber dieser »Name« ist nur die Erinnerung an den Namenlosen und Unbegreiflichen, an den lichten Abgrund, auf den unser Leben zustrebt.

2. Wenn Gott kein weltliches Ding ist, dann kann er nicht in gleicher Weise erfahrbar sein wie weltliche Dinge, dann können »Gotteserfahrungen« keine Erfahrungen sein, bei denen wir Gott als solchen wahrnehmen und erfahren.

---

(1) Gott ist überall, insofern er das alles Begründende ist, und er ist nirgends, insofern alles Begründete kreatürlich [geschaffen] ist und alles, was so innerhalb unserer Erfahrungswelt auftritt, von Gott verschieden ist.

(2) [Gott trägt die Kette aller Ursachen in der Welt, aber er selber ist kein Glied in dieser Kette.] Die Kette selbst als ganze [...] ist die Selbstoffenbarung des Grundes. Und er selber ist in dieser Ganzheit als solcher nicht unmittelbar zu finden.

3. Wenn Gotteserfahrungen keine Erfahrungen sind, bei denen wir Gott als solchen wahrnehmen und erfahren, dann können, was wir »Gotteserfahrungen« nennen, nur Erfahrungen sein, die auf Gott verweisen. Verweise kann man aber übersehen, ignorieren, verdrängen.

---

(1) Weil Gott etwas ganz anderes ist als eine der in unserem Erfahrungsbereich vorkommenden oder aus ihm erschlossenen einzelnen Wirklichkeiten und weil die Erkennt-

nis Gottes eine ganz bestimmte einmalige Eigenart hat und nicht nur ein Fall des Erkennens im allgemeinen ist, darum ist es sehr leicht, Gott zu übersehen.

(2) Was Freude, Angst, Treue, Liebe, Vertrauen und vieles mehr, was logisches Denken und verantwortliche Entscheidung ist, das hat der Mensch schon erfahren, bevor er darauf reflektiert und zu sagen versucht, was das ist, was er schon immer erlebt und erfährt. Ja, die reflektierende Aussage kann falsch sein oder unzulänglich: Es kann jemand echte, personale Liebe radikaler Treue und Verantwortung vollziehen und erfahren, der sehr Falsches darüber sagt, wenn er gefragt wird, was dabei eigentlich geschieht.

[Oder noch einmal anders – und jetzt auf Gott bezogen – formuliert:]

(3) Wenn mir jemand sagt: Gott – was ist denn das?, Erfahrung Gottes – hab ich noch nie gemacht, dann würde ich noch längst nicht sagen: Ja, bedauerlicherweise muss ich zugeben, dass du das nicht gemacht hast. Sondern ich müsste sagen: Langsam einmal, du hast das vielleicht unter [... einem Etikett gemacht, das ...] ganz anders ist. Vielleicht ist das, was ich dir darüber in normalen menschlichen Worten und Sprachspielen sage, für dich völlig unverständlich, und trotzdem hast du diese Erfahrung gemacht.

Wenn ein Tiroler Bauernbub sein Mädel liebt, dann kann ich ihm vielleicht einen ontologisch-existenzialphilosophischen Vortrag über Liebe halten, von dem er schlechterdings nichts kapiert, und trotzdem hat er selbstverständlich die Erfahrung dieser Liebe, über die ich rede, gemacht – und sogar vielleicht viel tiefer, viel radikaler, viel ehrlicher, viel viel unegoistischer als ich, der darüber gescheit reden kann. Wenn der also sagt: Was du erzählst, das kommt bei mir überhaupt nicht vor – dann ist noch längst nicht klar, dass es wirklich nicht vorkommt.

Wenn jemand sagt: Ich habe nie Freude erlebt. Ich habe noch nie Sehnsucht erlebt. Ich habe noch nie die Erfahrung einer Verantwortung gemacht – dann würde ich sagen: Entweder bist du gar kein Mensch und siehst nur so aus oder du täuschst dich über das

Nichtvorhandensein solcher Erfahrungen. – Und so etwas gibt es auch hinsichtlich der Erfahrung Gottes im engeren Sinne.

(4) [Halten wir daher fest], dass die ursprüngliche Erfahrung einerseits und die philosophische und theologische *Auslegung* dieser Erfahrung anderseits zweierlei sind und [dass] darum Verschiedenheit und Widerspruch in den *Auslegungen* die ursprüngliche Erfahrung nicht [zunichte machen].

4. Welche Erfahrungen verweisen auf Gott? Und warum kann man sie »ursprüngliche Gotteserfahrungen« nennen?

4.1. Theorie für philosophisch Interessierte

(Wer sich nicht für Philosophie interessiert, kann dieses Kapitel überspringen und gleich zum Gliederungspunkt 4.2 auf Seite 53 übergehen, der mit einer Zusammenfassung von Punkt 4.1 beginnt.)

(1) [Der Mensch besitzt eine unbegrenzte Weite seines Geistes in Erkenntnis und Freiheit. Die Unendlichkeit, in die er sich ausgesetzt erfährt, durchdringt sein alltägliches Tun. So wird zum Beispiel der] unendliche Horizont menschlichen Fragens als ein Horizont erfahren, der immer weiter zurückweicht, je mehr Antworten der Mensch sich zu geben vermag. [... Daher bleibt der Mensch] grundsätzlich immer unterwegs. Jedes angebbare Ziel im Erkennen und in der Tat ist immer schon wieder relativiert als Vorläufigkeit und Etappe.

Jede Antwort ist immer wieder nur der Aufgang einer neuen Frage. Der Mensch erfährt sich als die unendliche Möglichkeit, weil er notwendig in Praxis und Theorie jedwedes erzielte Resultat immer wieder in Frage stellt, immer wieder in einen weiteren Horizont hineinrückt, der sich unabsehbar vor ihm auftut.

(2) Zum Wesen der menschlichen Erkenntnis gehört notwendigerweise [... ferner] das Denken eines konkreten Gegenstandes *innerhalb* eines *unendlichen* (scheinbar leeren) Raumes des Denkens an sich [...].

[Wenn jemand zum Beispiel an den konkreten Apfelbaum in seinem Garten denkt, schwingen im Hintergrund seines Denkens alle Apfelbäume dieser Welt mit und alle Landschaftsräume, in denen sie stehen, und alle Himmelsräume, in die sie sich hinaufrecken, und alle Formen und Gestalten, in denen sie sich ausbilden, und alle Zeiträume, in denen sie wachsen, über die Zeit des eigenen menschlichen Lebens, über die eigene Endlichkeit hinaus. Allgemein gesprochen: Es schwingt beim Begriff »Apfelbaum« stets eine unbegrenzte Weite mit, auch wenn man darüber in aller Regel nicht nachdenkt. Und so ist das mit allen Begriffen:]

Man muss sich daran gewöhnen, zu merken, dass man im Denken und in der Freiheit immer mit *mehr* umgeht und zu tun hat als mit dem, *worüber* man in Worten und Begriffen redet und *womit* man sich als konkretem Gegenstand des Handelns gerade hier und jetzt abgibt.

(3) [Diese unbegrenzte Bewegung unseres Geistes, dieses ständig über unsere Begrenztheit und Endlichkeit Hinausgreifen in eine unendliche Weite, lässt sich abkürzend mit dem Fremdwort »Transzendenz« ausdrücken bzw. mit dem Eigenschaftswort »transzendental«. Dann lässt sich sagen: Wir Menschen erfahren uns als Wesen der Transzendenz. Weil aber] diese transzendentale Erfahrung der menschlichen Existenz nicht die Erfahrung eines bestimmten einzelnen Gegenständlichen ist, das neben anderen Gegenständen erfahren wird, sondern eine Grundbefindlichkeit, die jeder gegenständlichen Erfahrung vorausliegt und sie durchwaltet [...], darum kann diese transzendentale Erfahrung leicht übersehen werden. Sie ist

gewissermaßen nur als die geheime Ingredienz gegeben [als die geheime Zutat unseres Lebens].

(4) [Halten wir fest:] In Erkenntnis und Freiheit ist der Mensch unausweichlich das Wesen der Transzendenz. [...] und die damit gemeinte Sache bedeutet eine letzte unausweichliche Wesensstruktur des Menschen, gleichgültig, ob der Alltagsmensch oder auch der empirische Wissenschaftler davon Kenntnis zu nehmen geneigt ist oder nicht. [...]

Die Bewegung des Geistes und der Freiheit, der Horizont dieser Bewegung ist grenzenlos. Jeder Gegenstand unseres Bewusstseins, der uns in unserer Mitwelt und

Umwelt [...] begegnet, ist nur eine Etappe, ein immer neuer Ausgangspunkt dieser Bewegung, die ins Unendliche und Namenlose geht.

(5) [Und zwar ein immer neuer Ausgangspunkt einer Bewegung, die nicht in ein Nichts strebt, nicht von einem Nichts angezogen wird. Denn] das Nichts begründet nichts; das Nichts kann nicht [...] das Anziehende und Bewegende, das in Gang bringende [...] sein.

[Und zwar deshalb nicht, weil das Nichts nichts ist, kein Etwas, das irgendetwas bewirken bzw. uns dazu motivieren könnte, über jede Begrenzung hinaus zu denken. Wenn wir dennoch stets über jede Begrenzung hinaus denken, dann weil wir das als sinnvoll erleben, statt als nichtig, als erfüllend, statt als leer, als auf ein Etwas ausgreifend, statt als sich im Nirgendwo verlierend. Mit anderen Worten: Dieses zu unserem Wesen gehörige Ständig-über-unsere-Endlichkeit-und-Begrenzheit-Hinausgreifen, diese unsere Transzendenz hat ein geheimnisvolles Ziel, ein Woraufhin.]

(6) [Und wenn man sich das verdeutlicht,] dass das Nichts – nichts ist, kann das Woraufhin der Transzendenz nur als die unendliche, unumfassbare, radikal Geheimnis bleibende Wirklichkeit, als Gott gedacht werden.

(7) [Zusammengefasst:] Die unbegrenzte Weite unseres Geistes in Erkenntnis und Freiheit, die unausweichlich immer in jeder Alltagserkenntnis unthematisch gegeben ist, lässt uns erfahren, was mit Gott als dem eröffnenden und erfüllenden Grund jener Weite des Geistes und seiner unbegrenzten Bewegung gemeint ist.

(8) [Und sie zeigt,] dass der Mensch immer und unausweichlich in seiner geistigen Existenz mit Gott zu tun hat, [auf Gott verwiesen ist,] ob er darauf reflektiert oder nicht, ob er das frei annimmt oder nicht.

(9) [Wenn ein Mensch sich diese Verwiesenheit bewusst macht, wenn er sie existentiell so

durchlebt, wie das unten in Kapitel 4.2 und in Kapitel 7 noch beispielhaft beschrieben wird, dann kann man von einer »ursprünglichen Gotteserfahrung« sprechen – und versteht zugleich, warum man immer unterscheiden muss] zwischen einer ursprünglichen Gotteserfahrung und einer theoretischen Lehre von Gott.

(10) [»Ursprünglich« kann diese Gotteserfahrung deshalb genannt werden, weil sie nicht von außen an den Menschen herangetragen wird, sondern sich bezieht auf ein schon immer tief im Menschen vorhandenes] anonymes, unthematisches, vielleicht verdrängtes Grunderlebnis einer Verwiesenheit auf Gott.

4.2. Beispiele für weniger an Philosophie Interessierte

[Zusammenfassung für jene, die 4.1 übersprungen haben: Dort wurde über die unbegrenzte Bewegung unseres Geistes gesprochen. Damit ist gemeint: Bei allem, was wir tun und denken, was wir erleben und erfahren, greift unser Geist ständig und wie selbstverständlich über seine Endlichkeit und Begrenztheit hinaus in eine unendliche Weite. Dieses unser ständiges Ausgerichtetsein auf eine unendliche Weite, das uns freilich im normalen Alltag in der Regel nicht bewusst ist, kann man mit dem Fremdwort »Transzendenz« bzw. mit dem Eigenschaftswort »transzendental« bezeichnen. Die Erfahrung, dass wir Menschen auf eine unendliche Weite ausgerichtet sind, kann man dann »Transzendenz-Erfahrung« oder »transzendentale Erfahrung« nennen. Und das, worauf dieses unser Ausgerichtetsein im letzten zielt (Rahner nennt es das letzte »Woraufhin«), ist das, was wir meinen, wenn wir »Gott« sagen, weshalb solche Transzendenz-Erfahrungen als Verweise auf Gott bezeichnet werden können.]

(1) [Halten wir also fest], dass wir Gott nicht als einen einzelnen Gegenstand unter anderen für sich haben, sondern immer nur als das [, worauf alles in unserem Leben auf geheimnisvolle Weise hinweist, also als das geheimnisvolle letzte] Woraufhin der Transzendenz.

(2) Natürlich ist diese Transzendenzerfahrung [...] nicht [...] in der Abstraktheit gegeben, in der sie hier beschrieben wird. [... Wir dürfen davon ausgehen, dass jeder] nicht explizit Philosophie treibende Mensch diese Erfahrung zwar selbstverständlich macht, jedoch in ganz bestimmten Formen und Gestalten [in denen man sich als von einem unbegreiflichen Grund getragen erfährt].

(3) [Will man also Menschen helfen, die eigenen Gotteserfahrungen zu sehen und zu verstehen, muss man nach solchen Erfahrungen »in ganz bestimmten Formen und Gestalten« Ausschau halten, und man sollte] natürlich bei Erfahrungen anknüpfen, die

[...] deutlich und existentiell gewichtig sind und die transzendentale Gotteserfahrung so in sich tragen, dass sie zu einer Thematisierung dieser Erfahrung *drängen*.

(4) [Solche existentiell gewichtigen Formen und Gestalten der Transzendenz-Erfahrung, in denen man sich als von einem unbegreiflichen Grund getragen erfährt, finden sich im Leben von uns Menschen zum Beispiel dort:]
- Wo über alle empirische Hoffnungslosigkeit hinaus dennoch bedingungslos gehofft wird,
- wo die einzelne Freude erfahren wird als Verheißung grenzenloser Freude,
- wo man liebt in unbedingter Treue und

Entschlossenheit, obwohl die Brüchigkeit auf beiden Seiten für solche Liebe die Unbedingtheit gar nicht legitimieren kann,
- wo radikale Verantwortung gegenüber einer sittlichen Verpflichtung auch dann noch durchgehalten wird, wenn dies scheinbar nur zum Untergang führt,
- wo die Unerbittlichkeit der Wahrheit erfahren und unbedingt ergriffen wird [...],

da ist Gott als die Bedingung der Möglichkeit solcher Vollzüge schon unthematisch erfahren und angenommen. Das gilt auch, wenn das Wort »Gott« noch nie gehört und als Vokabel für die Bezeichnung des Woraufhin der so erlebten Transzendentalität verwendet wird.

(5) [Denn] wir fangen nicht erst an, mit Gott etwas zu tun zu haben, wenn wir ihn explizit nennen, wenn wir [... mit klugen Worten über eine Erkenntnis Gottes reden.] Dann reden wir [zwar] von Gott, dann bilden wir einen Begriff und ziselieren diesen Begriff, dann füllen wir diesen einen Begriff mit tausend Namen und Aussagen: das ist alles notwendig, schön und richtig. Und wir können auch jetzt, wo wir von Gott reden, nur so von Gott reden, dass wir Worte von ihm machen, dass wir uns Begriffe vorstellen [... Aber wir dürfen nicht übersehen, dass dieses Sich-Gott-in-Begriffen-Vorstellen] getragen ist und getragen bleibt von einer *vorgängigen*, unthematischen, transzendentalen Bezogenheit unserer gan-

zen Geistigkeit auf die ungreifbare Unendlichkeit hin. [...]

[Wenn ein Fremder nun fragen würde, »was muss man tun, um konkret zu erleben, dass unser Geist auf eine ungreifbare Unendlichkeit hin bezogen ist«, dann könnte man ihm vielleicht vorschlagen:] Halten Sie einmal still! Suchen Sie nicht möglichst Vielerlei und möglichst Kompliziertes zu denken. Lassen Sie einmal diese ursprünglicheren Wirklichkeiten des Geistes emporkommen: das Schweigen, die Angst, das unsagbare Verlangen nach Wahrheit, nach Liebe, nach Gemeinsamkeit, nach Gott. Stellen Sie sich der Einsamkeit, der Angst, der Nähe zum Tod! Lassen Sie solche letzten Grunderfahrungen des Menschen vorkommen, beschwätzen Sie sie nicht, machen Sie darüber keine Theorien, sondern halten Sie diese Grunderfahrungen aus. Dann kann doch so etwas von einem ursprünglichen Wissen um Gott hervortreten. Dann kann man vielleicht darüber nicht viel sagen, dann sieht das, was wir so zunächst von Gott »begreifen«, so aus wie das Nichts, wie das Abwesende, wie das Namenlose […].

[Um es nochmals etwas anders zu formulieren: Solche existentiell gewichtigen letzten Grunderfahrungen des Menschen finden sich zum Beispiel auch dort,]
– wo ein Mensch scheinbar hoffnungslos weint;

– dort wo ein Mensch »einpackt« und weiß, wenn er jetzt geduldig ist, wenn er jetzt schweigt, wenn er jetzt nachgibt, gibt es nichts mehr, was er ergreifen könnte, auf was er hoffen könnte, dass es ihn in dieser Haltung belohnt;
– überall dort, wo ein Mensch in eine letzte Einsamkeit hineingeht, wohin ihn niemand mehr begleitet;
– überall dort, wo ein Mensch die Grunderfahrung macht, dass er sich selbst genommen wird [...];
– überall dort, wo ein Mensch eine Freude erfährt, von der er nicht weiß, wo sie anfängt und wo sie aufhört, die scheinbar keinen Grund und Boden, ja gar keinen Gegenstand mehr zu haben scheint;

– überall dort, wo ein Mensch eine letzte Treue, man kann nicht sagen, erfasst, sondern von ihr erfasst wird […] –
[überall dort erfährt ein Mensch einen tragenden Grund, der nicht an etwas festmacht, das in dieser Welt zu finden ist,] überall dort ist eigentlich Gott für den Menschen schon da. Und alles, was er dann über diesen Gott noch sagt, kann immer nur der Verweis auf diese ursprünglichere Erfahrung Gottes sein. […]

Dass diese ursprünglichere, namenlose und unthematische Erfahrung durch unseren Alltagsbetrieb, durch all das, was wir sonst mit Menschen und Dingen zu tun haben, scheinbar ganz verdrängt und verschüttet ist, dass dieses ursprünglichere religiöse Gottesverhältnis sogar durch unser theologisches, asketisches und frommes Geschwätz und Gerede noch einmal verschüttet werden kann, das beweist zwar, wie sehr wir in einem echteren, religiöseren Leben immer wieder dieses ursprüngliche Verhältnis zu Gott freikämpfen müssen, gleichsam immer wieder ausgraben müssen, aber es beweist gerade, wie *ursprünglich* [dieses] Verhältnis des Menschen zu Gott ist, und zeigt, wie sehr es auf dieses Eigentliche ankommt.

5. Warum ist es gerade heute wichtig, über solche ursprünglichen Gotteserfahrungen, die man auch »mystische Erfahrungen« nennt, nachzudenken?

(1) [Früher konnte man das glauben, was] von mehr oder weniger allen geglaubt wurde. [...] Heute ist das anders. Heute muss der christliche Glaube (und so die Spiritualität) immer neu vollzogen werden: in der Dimension einer säkularisierten Welt, in der Dimension des Atheismus, in der Sphäre einer technischen Rationalität, die von vornherein er-

klärt, alle Sätze, die sich vor dieser Rationalität nicht verantworten lassen, seien sinnlos [...].

In einer solchen Situation ist die einsame Verantwortung des einzelnen in seiner Glaubensentscheidung in viel radikalerer Weise notwendig und gefordert, als dies früher der Fall war. Darum gehört zur heutigen Spiritualität des Christen der Mut zur einsamen Entscheidung gegen die öffentliche Meinung, der einsame Mut, der dem der Märtyrer des ersten Jahrhunderts des Christentums analog [ähnlich] ist, der Mut zu einer spirituellen Glaubensentscheidung, die ihre Kraft aus sich selber bezieht und nicht gestützt zu werden braucht durch die Zustimmung der Öffentlichkeit [...]. Ein solcher einsamer Mut kann aber nur bestehen, wenn er aus einer ganz personalen Erfahrung Gottes und seines Geistes lebt.

Man hat schon gesagt, dass der Christ der Zukunft ein Mystiker sei oder nicht mehr sei. Wenn man unter Mystik nicht seltsame parapsychologische Phänomene versteht, sondern eine echte, aus der Mitte der Existenz kommende Erfahrung Gottes, dann ist dieser Satz sehr richtig und wird in seiner Wahrheit und seinem Gewicht in der Spiritualität der Zukunft deutlicher werden. [...] Der einsame Christ im schweigenden Gebet, in der letzten, von niemandem mehr belohnten Gewissensentscheidung, in der unbegrenzten Hoffnung, die sich an keine einzelne kalkulierbare Versicherung mehr halten kann, in der radikalen Enttäuschung des Lebens und in der Ohnmacht des Todes, so diese nur willig vorgelassen und hoffend angenommen wird, in der Nacht der Sinne und des Geistes (wie die Mystiker sagen, ohne dafür ein Sonderprivileg in Anspruch nehmen zu können) usw. macht die Erfahrung Gottes und seiner befreienden Gnade, [...] selbst wenn er sie nicht noch einmal interpretieren und theologisch etikettieren könnte.

(2) [Das heißt aber auch:] Die Mystiker sind nicht eine Stufe höher als die Glaubenden, sondern Mystik in ihrem eigentlichen, theologischen Kern ist inneres, wesentliches Moment des Glaubens [...]. Ich muss dem Menschen von heute sagen können: das und das

kann es geben und gibt es bei dir, vielleicht verdrängt, unbeachtet [...]. Aber du kannst es haben und damit machst du eine Erfahrung Gottes, bei der Gott nicht nur dadurch in deinem Bewusstsein gegeben ist, dass [... es Worte über Gott gibt, die von außen an dich herangetragen werden], sondern es gibt da noch anderes, Ursprüngliches [tief in dir drinnen: ein stetes Hinausgreifen über alles Erfahrbare hinaus in eine unendliche Weite, das auf Gott verweist und von ihm getragen wird, und letzte Grunderfahrungen, die so heißen, weil sie uns diesen letzten, tragenden Grund aller Wirklichkeit erfahren lassen].

6. Welche Rolle spielt das Vorbild Christi?

[In 4.2 haben wir festgehalten, dass man dann, wenn man Menschen helfen will, die eigenen Gotteserfahrungen zu sehen und zu verstehen, natürlich bei Erfahrungen anknüpfen sollte, die deutlich und existentiell gewichtig sind. Aber:]

Solche Erfahrungen sind immer eingebaut in das Ganze der existentiellen menschlichen Erfahrung. Wo diese vielleicht schon frühkindlich mehr oder minder missglückt ist, wo eine Erfahrung zwischenmenschlicher Liebe,

Treue, Geborgenheit usw. nicht genügend erreicht wurde, ist natürlich auch die Thematisierung der ursprünglichen Gotteserfahrung sehr schwierig. Nur wo in einem letzten Urvertrauen ein bergender Sinn des Lebens überhaupt frei angenommen wird, wird die Freiheit des Menschen bereit sein, die Thematisierung dieses Urvertrauens auf Gott hin mitzuvollziehen. Die Weckung dieses Urvertrauens geschieht wirksam nicht allein durch Worte, sondern durch die Teilnahme am Lebensvollzug eines anderen Menschen, der in Gelassenheit und Liebe [...] Vorbild für dieses Urvertrauen zu sein vermag.

Von daher lässt sich auch ein Verständnis gewinnen vom Zusammenhang der Gotteserfahrung und der Bezogenheit des Menschen auf Jesus Christus. Christus ist das [...] Vorbild schlechthin für ein Sicheinlassen auf das Geheimnis unseres Daseins, das wir »Gott« nennen. [... Christus hat unser Verwiesensein auf Gott selbstvergessen gelebt bis in den Tod hinein. Solches radikales Akzeptieren und Praktizieren] unserer transzendentalen Bezogenheit auf Gott nennt der Gläubige [daher] den Geist Christi. Im Blick auf die Geschichte Jesu gewinnt der Christ [... den Mut, die Kraft und die Zuversicht], sich auf den Gott einzulassen, den Jesus seinen Vater nannte. Transzendentale Gotteserfahrung und geschichtliche Erfahrung Jesu schließen sich [so] zu einem gegenseitigen Bedingungsverhältnis zusammen.

7. Mystische Erfahrungen im Alltag

(1) [In 4.1 wurde gezeigt, dass wir mit jedem Begriff ständig über unsere Begrenztheit und Endlichkeit hinausgreifen in eine unendliche Weite, dass jede einzelne unserer Alltagserkenntnisse im Raum dieser unbegrenzten Weite unseres Geistes steht, ob wir darüber nachdenken oder nicht, und dass dies ein Verweis darauf ist, was mit Gott als dem eröffnenden und erfüllenden Grund jener Weite des Geistes und seiner unbegrenzten Bewegung gemeint ist.]

Transzendentale Erfahrung ist [... daher ...] immer auch Gotteserfahrung mitten im Alltag. [... Sie bleibt freilich] im Alltag anonym, unreflektiert, unthematisch, wie das allgemein und diffus ausgebreitete Licht einer Sonne, die wir nicht selber erblicken, indem wir uns allein den in diesem Licht sichtbaren Einzelgegenständen in unserer sinnlichen Erfahrung zuwenden.

(2) [Es gibt aber konkrete Erfahrungen in unserem Leben, die] deutlicher von sich aus schweigend in jenes unbegreifliche Geheimnis unserer Existenz, das uns immer umgibt und auch unser Alltagsbewusstsein trägt, verweisen, als es sonst in unserem gewöhnlichen und banalen Alltagsleben geschieht. [...]

Dieser Verweis [... wird nicht nur in den schönen Momenten des Lebens erfahren, sondern auch – und vielleicht besonders eindringlich – dort], wo die umgreifbaren Grenzen unserer Alltagswirklichkeiten brechen und sich auflösen, wo Untergänge solcher Wirklichkeiten erfahren werden, wenn Lichter, die die kleine Insel unseres Alltags erhellen, ausgehen und die Frage unausweichlich wird, ob die Nacht, die uns umgibt, die Leere der Absurdität und des Todes ist, die uns verschlingt, oder die selige Weihnacht, die schon innerlich durchlichtet den ewigen Tag verheißt.

[Solche konkreten Erfahrungen im Leben, solche Transzendenz-Erfahrungen als Verweis auf jene ungreifbare Unendlichkeit hin, die wir Gott nennen, solche existentiell gewichtigen letzten Grunderfahrungen, bei denen wir einen tragenden Grund erfahren, der nicht an etwas festmacht, das in dieser Welt zu finden ist, solche Erfahrungen zeigen sich im Alltag zum Beispiel auch dort:]

- Wo die eine und ganze Hoffnung über alle Einzelhoffnungen hinaus gegeben ist, die alle Aufschwünge, aber auch alle Abstürze noch einmal sanft in schweigender Verheißung umfängt,
- wo eine Verantwortung in Freiheit auch dort noch angenommen und durchgetragen wird, wo sie keinen angebbaren Ausweis an Erfolg und Nutzen mehr hat,
- wo ein Mensch seine letzte Freiheit er-

fährt und annimmt, die ihm keine irdischen Zwänge nehmen können,
- wo der Sturz in die Finsternis des Todes noch einmal gelassen angenommen wird als Aufgang unbegreiflicher Verheißung,
- wo die Summe aller Lebensrechnungen, die man nicht selber noch einmal berechnen kann, von einem unbegreiflichen anderen her als gut verstanden wird, obwohl man es nicht nochmals »beweisen« kann,
- wo die bruchstückhafte Erfahrung von Liebe, Schönheit, Freude als Verheißung von Liebe, Schönheit, Freude schlechthin erlebt und angenommen wird, ohne in einem letzten zynischen Skeptizismus als billiger Trost vor der letzten Trostlosigkeit verstanden zu werden,

– wo der bittere, enttäuschende und zerrinnende Alltag heiter gelassen durchgestanden wird bis zum angenommenen Ende aus einer Kraft, deren letzte Quelle von uns nicht noch einmal gefasst und so uns untertan gemacht werden kann [...],
[da erfahren wir jenen tragenden Grund, der nicht an etwas festmacht, das in dieser Welt zu finden ist]. Da ist die Mystik des Alltags, das Gottfinden in allen Dingen [...].

Suchen wir selbst nach solcher Erfahrung unseres Lebens; suchen wir die eigenen Erfahrungen, in denen gerade uns so etwas geschieht. Wenn wir solche finden, haben wir die Erfahrung [... des unbegreiflichen Geheimnisses unserer Existenz gemacht:] Die Erfahrung der Ewigkeit, die Erfahrung, dass der Geist [Gottes] mehr ist als ein Stück dieser zeitlichen Welt, die Erfahrung, dass der Sinn des Menschen nicht im Sinn und Glück dieser Welt aufgeht, die Erfahrung des Wagnisses und des abspringenden Vertrauens, das eigentlich keine ausweisbare, dem Erfolg dieser Welt entnommene Begründung mehr hat. [...]

[Eine solche Erfahrung] hat zunächst einmal nichts mit einem elitären Bewusstsein von Auserwählten zu tun, die sich als allein Eingeweihte von der großen Menge durchschnittlicher Christen und Menschen absetzen. Wenn das bisher Gesagte wirklich richtig verstanden wird, dann ereignet sich [... eine solche Erfahrung] immer und überall im Leben eines Menschen, [... und zwar] in den meisten Fällen des menschlichen Lebens nicht in ausdrücklicher Meditation, in Versunkenheitserlebnissen usw., sondern am Material des normalen Lebens, dort also, wo Verantwortung, Treue, Liebe usw. absolut getan werden [...], wo scheinbar nichts geschieht als die letzte bittere Pflicht des Alltags und ein gelassenes Sterben.

(3) [Denn] Sicher ist: Es gibt den Alltag, dem wir meistens nicht entgehen können, da auch die Heiligen manchmal gähnen und sich rasieren müssen. Nicht so sicher ist, dass uns Stunden geschenkt werden, die, auch von uns aus gesehen, groß und bedeutend sind. Also muss es eine Ewigkeit im Alltag geben. Denn wir wissen, dass jeder Mensch, der auf dieser

Erde scheinbar als erschreckliche Dutzendware herumläuft, wert ist, eine Ewigkeit zu werden, und dies hier, wo er nichts zu tun scheint, als kümmerlich sein Brot zu verdienen, zu heiraten und auf die Politiker zu schimpfen, wenn er nicht gerade einem Fußballspiel zuschaut oder seine Meinung über Picasso zum besten gibt. Vielleicht kommen auch mir darum die Sternstunden nur in der Gestalt des Alltags entgegen [...]

(4) [eines Alltags,] in dem wir reifen für den Gott, der immer größer ist, als ihn der Tag zuvor gedacht und geliebt.

Zu den Textquellen

Alle Gliederungstitel sowie der Buchtitel stammen von den beiden Herausgebern, nicht von Karl Rahner selbst. – Die ausgewählten Texte Karl Rahners umfassen einen Schaffenszeitraum von fast drei Jahrzehnten. Der erste erschien 1954, die anderen 1956/57, 1970, 1971, 1973, 1974, 1976, 1977, 1979 sowie 1980. – Zur besseren Lesbarkeit wurden zuweilen größere Textpassagen Rahners in Absätze unterteilt. – Ziffern in runden Klammern (1), (2), (3) usw. am Anfang einzelner

Rahner-Textabschnitte stehen nicht im Original, sondern dienen der Zuordnung zu den im folgenden aufgeführten Quellen.

SW = Karl Rahner, Sämtliche Werke.
32 Bände, Freiburg i. Br. 1995–2018.

1. Gott ist kein weltliches Ding ...
(1) Karl Rahner, Grundkurs des Glaubens. Einführung in den Begriff des Christentums. Freiburg i. Br. 1976; zitiert nach: SW 26, S. 1–432, hier 66.
(2) Wissenschaft als »Konfession«?, in: *Wort und Wahrheit* 9 (1954), S. 809–819; dann in: Karl Rahner, Schriften zur Theologie. Bd. 3. Einsiedeln 1956, S. 455–472; zitiert nach: SW 15, S. 171–183, hier 176.

(3) Ebd., S. 175.

(4) Ebd., S. 176.

(5) Bußzeit, in: Karl Rahner, Kleines Kirchenjahr. München 1954; zuletzt Freiburg i. Br. 1981 (Herderbücherei 901); zitiert nach: SW 7, [S. 117–189 bzw.] S. 146–151, hier S. 147.

(6) Gespräche über Glauben und Leben. Gespräche mit *Karl-Heinz Weger* und *Hildegard Lüning* im Süddeutschen Rundfunk (SDR), 1979, in: Karl Rahner im Gespräch. Hg. von Paul Imhof und Hubert Biallowons. Bd. 2. Düsseldorf 1983, S. 87–114; zitiert nach: SW 31, S. 213–231, hier 215.

(7) Karl Rahner, Strukturwandel der Kirche als Aufgabe und Chance. Freiburg i. Br. 1972; zitiert nach: SW 24/2, S. 490–579, hier 533.

(8) Karl Rahner, Einübung priesterlicher Existenz. Freiburg i. Br. 1971; zitiert nach: SW 13, S. 269–437, hier 275.

(9) Worin besteht der christliche Kern des Glaubens?, in: Karl Rahner, Wagnis des Christen. Geistliche Schriften. Freiburg i. Br. 1974, S. 41–49; zitiert nach: SW 26, S. 511–516, hier 512.

2. Wenn Gott kein weltliches Ding ist ...

(1) Grundkurs des Glaubens, zitiert nach: SW 26, S. 101–432, hier 83.

(2) Ebd., S. 87.

3. Wenn Gotteserfahrungen ...

(1) Grundkurs des Glaubens, zitiert nach: SW 26, S. 101–432, hier 57.

(2) Gotteserfahrung heute, in: Theologische Akademie. Bd. 7. Frankfurt 1970, S. 9–14; dann in: Karl Rahner, Schriften zur Theologie. Bd. 9. Zürich 1970, S. 161–176; zitiert nach: SW 23, S. 138–149, hier 139 f.

(3) Karl Rahner, Blick in das neue Jahr der Kirche, in: »Arche in der Zeitenwende. Hoffnungen, Sorgen und Zweifel eines Mannes der Kirche«: *Die Presse* (Wien), 24.12.1980, S. I (spectrum); dann in: Auf dem Weg ins Morgen: Katholische Studentenseelsorge Basel 1930–1980. Basel 1980, S. 3–14; zitiert nach: SW 28, S. 121–139, hier 128 f.

(4) Erfahrung des Heiligen Geistes, in: Karl Rahner, Erfahrung des Geistes. Meditationen auf Pfingsten. Freiburg i. Br. 1977; dann

in: Karl Rahner, Schriften zur Theologie. Bd. 13. Zürich 1978, S. 226–251; zitiert nach SW 29, S. 38–57, hier: 41 f.

4. Welche Erfahrungen verweisen …
4.1. Theorie …

(1) Grundkurs des Glaubens, zitiert nach: SW 26, S. 101–432, hier 36.

(2) Ebd., S. 55 f.

(3) Ebd., S. 39.

(4) Erfahrung des Heiligen Geistes, zitiert nach: SW 29, S. 38–57, hier: 44.

(5) Grundkurs des Glaubens, zitiert nach: SW 26, S. 101–432, hier 38.

(6) Kirchliche und außerkirchliche Religiosität, in: *Stimmen der Zeit* 191 (1973), S. 3–13; dann in: Karl Rahner, Schriften zur Theolo-

gie. Bd. 12. Zürich 1975, S. 582–598; zitiert nach: SW 24/2, S. 594–605, hier 600.

(7) Erfahrung des Heiligen Geistes, zitiert nach: SW 29, S. 38–57, hier: 46.

(8) Grundkurs des Glaubens, zitiert nach: SW 26, S. 101–432, hier 71.

(9) Kirchliche und außerkirchliche Religiosität, zitiert nach: SW 24/2, S. 594–605, hier 598, Anm. 5.

(10) Lehrerin der Kirche – Teresa von Ávila, in: *Ecclesia* (Madrid) 30 (1970), S. 23–24; dann in: Karl Rahner, Chancen des Glaubens. Fragmente einer modernen Spiritualität. Freiburg i. Br. 1971, S. 141–144; zitiert nach: SW 25, S. 419–422, hier 421.

4.2. Beispiele ...

(1) Grundkurs des Glaubens, zitiert nach: SW 26, S. 101–432, hier 67.

(2) Kirchliche und außerkirchliche Religiosität, zitiert nach: SW 24/2, S. 594–605, hier 600.

(3) Ebd., S. 603.

(4) Ebd., S. 601.

(5) Einübung priesterlicher Existenz, zitiert nach: SW 13, S. 269–437, hier 272, 273 f.

5. Warum ist es gerade heute wichtig ...

(1) Elemente der Spiritualität in der Kirche der Zukunft, in: Karl Rahner, Schriften zur Theologie. Bd. 14. Zürich 1980, S. 368–381; zitiert nach: SW 29, S. 307–316, hier 312 u. 313.

(2) Mystik – Weg des Glaubens zu Gott, in: *Entschluss* (Wien) 32 (1978), Nr. 6, S. 6–11; dann in: Karl Rahner, Horizonte der Spiritualität. Kleine Aufsätze. Hrsg. von Georg Sporschill. Wien 1984, S. 11–24; zitiert nach: SW 29, S. 58–66, hier 66.

6. *Welche Rolle spielt das Vorbild Christi?*
Kirchliche und außerkirchliche Religiosität, zitiert nach: SW 24/2, S. 594–605, hier 603 f.

7. *Mystische Erfahrungen im Alltag*
(1) Erfahrung des Geistes, zitiert nach: SW 29, S. 38–57, hier 46 u. 47.
(2) Ebd., S. 47 f., 48, 50 f., 51 u. 55.
(3) Meditation zu Neujahr, in: *Stimmen der Zeit* 159 (1956/57), S. 241–250; dann in: Karl

Rahner, Glaube, der die Erde liebt (Herderbücherei 266). Freiburg i. Br. 1966, 46–58; zitiert nach: SW 14, S. 120–130, hier 128 f.

(4) Bußzeit, zitiert nach: SW 7, S. 146–151, hier 148.

Anmerkungen

1 Volker Leppin, Ruhen in Gott. Geschichte der christlichen Mystik. München 2021, S. 419.
2 Ebd.
3 Vgl. Andreas R. Batlogg, Vom Traditions- zum Entscheidungschristentum, in: *Stimmen der Zeit* 229 (2011), S. 145–146.
4 Vgl. dazu auch die Theologin Franca Spies (»Die Frommen von heute«): »Rahners Prognose hat sich bewahrheitet: Wenn die Sozialisation als Rekrutierungsinstrument der Religionen weitgehend ausfällt, gewinnen andere Formen an Bedeutung. Die persönliche Erfahrung zum Beispiel. Gott muss spürbar sein«, in: Ursula Nothelle-Wildfeuer – Magnus Striet (Hrsg.), Einfach nur Jesus? Eine Kritik am »Mission Manifest«. Freiburg i. Br. 2018, S. 104–119, hier 104.

Karl Rahner im
Matthias Grünewald Verlag

Karl Rahner (1904–1984) war Jesuit und
Theologe von Weltrang. Sein Anliegen war
die Vermittlung von theologischer Tradition und
modernem Denken. Er hatte großen Einfluss
auf das Zweite Vatikanische Konzil und prägte
die Grundlinien der Theologie im deutschen
Sprachraum bis heute.

Die von Andreas R. Batlogg und Peter Suchla
im Matthias Grünewald Verlag herausgegebene Reihe
stellt Texte aus dem Werk Karl Rahners vor,
die zeigen, wie christlicher Glaube das Leben
auch heute bereichern kann.

Karl Rahner im
Matthias Grünewald Verlag

Würde mir Gott fehlen?
ISBN 978-3-7867-3316-4

Im Alltag nicht alltäglich werden
ISBN 978-3-7867-3181-8

Jesus nachfolgen – anders als gedacht
ISBN 978-3-7867-3303-4

**Warum Beten manchmal schwerfällt –
und was daran gut ist**
ISBN 978-3-7867-3240-2

Von der Kraft, täglich neu zu beginnen
ISBN 978-3-7867-3211-2

Altwerden und lebendig bleiben
ISBN 978-3-7867-3274-7

**Vom Unterwegssein, Pilgern und
Ankommen für immer**
IBSN 978-3-7867-3248-8

**Advent – Von der tiefen Sehnsucht
unseres Lebens**
ISBN 978-3-7867-3147-4

Von der stillen Weihnacht unseres Herzens
ISBN 978-3-7867-3193-1

Ostern: Es hat alles schon begonnen, gut zu werden
ISBN 978-3-7867-3327-0